L'ADORATION ET SES RÉPERCUSSIONS SUR LA VIE DU MUSULMAN

Œuvre écrite par cheikh
Abdul-Muhsin Bin Hamad Al-Abbad
Al-Badir

Avant-propos

Louange à Allah, nous Le louons, nous implorons Son aide, Son pardon et nous nous mettons sous Sa protection contre notre propre mal et contre nos mauvaises actions. Celui qu'Allah guide, nul ne peut l'égarer ; et celui qu'Allah égare, nul ne peut le guider. J'atteste qu'il n'y a pas de divinité digne d'être adorée excepté Allah, Seul et sans associé, et j'atteste que Muhammad ﷺ est Son serviteur et Son messager.

Allah l'a envoyé avec la voie droite et la religion de vérité afin qu'elle triomphe sur toutes les autres religions. Le Prophète ﷺ a en effet transmis le message, accompli sa mission et conseillé la communauté ; que la prière, le salut et la bénédiction d'Allah soient sur lui, sur sa famille, sur ses Compagnons ainsi que sur tous ceux qui emprunteront son chemin jusqu'au Jour de la rétribution !

Que la paix, la miséricorde et la bénédiction soient sur vous, chers frères musulmans d'Amérique.[1]

Je demande à Allah le Tout-Puissant qu'Il me soutienne et vous soutienne, qu'Il nous accorde la droiture et qu'Il nous fasse parvenir à ce qui Le satisfait.

Mon discours aura comme sujet ce que vous avez souhaité : celui de savoir quelles sont les répercussions des adorations dans la vie du musulman.

---

1. Ce livre est à l'origine une conférence donnée par le cheikh aux musulmans des États-Unis. [NdT].

LA DÉFINITION DE L'ADORATION

L'adoration est un terme qui englobe tout ce qu'Allah aime et agrée comme paroles et actes, tant apparents que cachés. Ceci est la meilleure définition de l'adoration. L'adoration est très importante. En effet, Allah le Tout-Puissant créa les créatures, envoya les Prophètes et révéla les Livres pour qu'Il soit adoré et pour que soit interdite toute adoration vouée à autres que Lui.

En effet, Allah ﷻ dit : « *Je n'ai créé les djinns et les Hommes que pour qu'ils M'adorent.* »[1]

Ceci signifie qu'Allah les a créés pour les enjoindre à L'adorer et leur interdire de Lui désobéir.

Puis Il ﷻ dit : «*Nous avons envoyé dans chaque communauté un messager, (pour leur dire) : "Adorez Allah et écartez-vous du Tâghût[2]."* »[3]

---

1. Coran, s. Adh-Dhâriyât, v. 56.
2. Le *Tâghût* est tout ce qui est adoré en dehors d'Allah tout en approuvant cette adoration. [NdT].
3. S. An-Nahl, v. 36.

Allah ﷻ dit : « *Et Nous n'avons envoyé avant toi aucun messager à qui nous n'ayons révélé : "Point de divinité en dehors de Moi. Adorez-Moi donc."* »[1]

Les adorations sont très diverses. La peur d'Allah, l'espérance et la confiance en Lui, l'aspiration, la crainte, le repentir, la demande d'aide, la supplication de Son secours, le sacrifice, le vœu pieux, etc, en font partie.

On dénombre également parmi les adorations, les piliers de l'Islam qui sont mentionnés dans le célèbre hadith de Jibrîl (l'Ange Gabriel), lorsqu'il demanda au Prophète ﷺ de l'informer sur l'Islam. Il ﷺ lui répondit : « *Que tu attestes qu'il n'y a nulle divinité digne d'être adorée si ce n'est Allah et que Muhammad est Son messager, que tu accomplisses la prière, que tu donnes l'aumône obligatoire (zakât), que tu jeûnes le mois de Ramadan, et que tu fasses le pèlerinage à la Maison sacrée, si tu en as les moyens.* »[2]

---

1. S. Al-Anbiya', v. 25.
2. Rapporté par Muslim dans son *Sahîh*, d'après 'Umar ﭬ. C'est le premier hadith du Chapitre de la Foi (n° 8).

Les piliers de l'Islam, nous ont aussi été rapportés dans le hadith d'AbduLlâh Ibn 'Umar ؓ, lorsque le Prophète ﷺ a dit : « *L'Islam est bâti sur cinq piliers : l'attestation qu'il n'y a pas d'autre divinité digne d'être adorée à part Allah et que Muhammad est le Messager d'Allah, l'accomplissement de la prière, le versement l'aumône obligatoire (zakât), le pèlerinage et le jeûne du mois de Ramadan.* »[1]

---

1. C'est le premier hadith du Chapitre de la Foi du *Sahîh* d'Al-Bukhârî (n° 8). Il se trouve aussi dans le *Sahîh* de Muslim (n° 19).

LES CONDITIONS POUR QU'UN ACTE SOIT VALIDE

Pour que l'adoration soit acceptée, il faut obligatoirement réunir deux conditions :

– **La première :** l'acte doit être accompli exclusivement pour Allah.

– **La deuxième :** l'acte doit être accompli en conformité absolue avec l'exemple du Messager d'Allah ﷺ.

Il faut obligatoirement une sincérité absolue pour Allah Seul, en ne Lui associant aucun autre associé. Aucune adoration ne doit être vouée à autre qu'Allah ﷻ.

Il faut obligatoirement une conformité absolue au Prophète ﷺ. Il est donc impératif d'adorer Allah en conformité avec ce qui a été transmis par le noble Messager ﷺ.

Nous venons de mentionner ce qu'implique l'attestation « qu'il n'y a pas de divinité digne d'être adorée si ce n'est Allah et de l'attestation que Muhammad est le Messager d'Allah ».

Effectivement, attester « qu'il n'y a pas de divinité digne d'être adorée si ce n'est Allah » implique que l'acte doit être accompli sincèrement pour Allah Seul, en ne vouant aucun type d'adoration à autre que Lui, car il incombe que toute adoration soit accomplie sincèrement pour Son visage[1] ﷻ.

De même, l'attestation « que Muhammad est le Messager d'Allah » implique que l'adoration soit en conformité avec ce qui a été transmis par le noble Messager ﷺ.

Ainsi, on n'adore point Allah par les innovations, les choses inventées et les actes répréhensibles ne reposant sur aucune preuve légiférée par Allah. Bien au contraire, l'adoration doit être en conformité avec la pratique prophétique (*Sunnah*) et avec ce qui a été transmis par le noble Messager ﷺ.

Nous devons retenir que l'attestation « il n'y a pas de divinité qui mérite d'être adorée à part

---

[1]. Ses Attributs ne sont pas semblables à Ses créatures.

Allah », implique que l'acte doit être accompli sincèrement pour Allah ﷻ.

De même, l'attestation « que Muhammad est le Messager d'Allah » implique que l'on doit se conformer absolument à l'exemple du Messager d'Allah ﷺ.

En somme, tout acte doit être effectué sincèrement pour Allah, autant qu'il doit être en conformité et en concordance avec la *Sunnah* de notre Prophète Muhammad ﷺ.

En d'autres termes, si l'une des deux conditions de l'acte n'est pas respectée, que l'acte est dépourvu de sincérité ou du suivi, ou si l'acte est dépourvu des deux ; alors, il sera rejeté et ne sera pas accepté par d'Allah ﷻ.

Sans conteste, Allah ﷻ dit au sujet du rejet de l'acte dépourvu de sincérité : « ***Nous avons considéré l'œuvre qu'ils ont accomplie et nous l'avons réduite en poussière éparpillée.*** »[1]

Le noble Messager ﷺ a dit au sujet du rejet de l'œuvre fondée sur une innovation : « *Quiconque*

---

1. S. Al-Furqân, v. 23.

accomplit une œuvre non conforme à notre religion, son œuvre est rejetée. »[1]

On trouve dans une version rapportée par Muslim : « *Quiconque accomplit une œuvre que nous n'avons pas ordonnée, cette chose est rejetée.* »

De plus, le Prophète ﷺ a dit : « *Quiconque, parmi vous vivra, verra beaucoup de divergences. Tenez-vous donc à ma* Sunnah *et à celle des Califes biens-guidés, attachez-vous-y fermement, et accrochez-vous-y (litt. mordez-la à pleines dents). Prenez garde aux nouvelles choses, car toute nouveauté (en matière de religion) sont innovation, et toute innovation n'est qu'un égarement.* »[2]

Le Prophète ﷺ nous a informé que parmi les soixante-treize sectes [qui diviseront la communauté], soixante-douze seront vouées à l'Enfer et une seule entrera au Paradis. Il ﷺ a montré que le groupe sauvé est celui qui aura suivi sa voie ﷺ et celles de ses nobles compagnons ﷺ.

---

1. Rapporté par Al-Bukhârî (n° 2697) et par Muslim (n° 1718), d'après 'Â'ichah ﷺ.
2. Rapporté par Abû Dâwûd (n° 4607) et At-Tirmidhî (n° 2676) d'après Al-'Irbâd Ibn Sâriyah ; At-Tirmidhî l'a jugé comme étant *Hasan Sahîh*.

L'imam Mâlik Ibn Anas ﷺ a dit : « Le succès des dernières générations ne s'obtiendra qu'avec ce qui a fait le succès de la première génération de cette communauté » et il a dit : « Celui qui innove dans l'Islam en considérant son innovation comme bonne, aura prétendu que Muhammad a trahi le message, car Allah dit : « *Aujourd'hui, J'ai parachevé pour vous votre religion.* »

« Ce qui ne faisait pas partie de la religion à cette époque-là, n'en fait pas non plus partie aujourd'hui. »[1]

Cela ne suffit pas de dire : « J'effectue telle chose même si elle ne provient pas du Prophète ﷺ, parce que mon intention est bonne et convenable. » La preuve de ceci réside dans la parole du Prophète ﷺ lorsque lui est parvenue la nouvelle d'un homme, parmi ses nobles Compagnons, qui avait sacrifié sa bête avant la prière de l'Aïd ; il lui rétorqua alors : « *Tu ne retireras du sacrifice de ton mouton que la viande* (et non pas la récompense du sacrifice de l'Aïd). »

Cela signifie que ce sacrifice n'est pas celui accepté pour l'Aïd. La raison est que cet acte, au

---

1. Citation tirée du livre *Al-I'tissam* d'Ach-Châttibî (t. 1 / p. 28).

moment où il a été effectué, n'est pas conforme à la *Sunnah*. En effet, celle-ci enseigne qu'il ne faut sacrifier les bêtes qu'après la prière de l'Aïd. Ainsi, le sacrifice effectué avant la prière, intervient avant son moment approprié qui est après la prière, donc il n'est pas conforme.[1]

Al-Hafîdh Ibn Hajar a expliqué ce hadith dans son livre *Fath ul-Bârî*[2] : « Le cheikh Abû Muhammad Ibn Abî Hamza a dit : "Ce hadith sous-entend qu'une œuvre accomplie avec une bonne intention, ne sera valable que si elle est en concordance avec la Loi islamique." »

La parole d'AbduLlâh Ibn Mas'ûd ﷺ, compagnon du Prophète ﷺ, vient appuyer cette règle. Effectivement, Ibn Mas'ûd ﷺ vint vers des personnes assises en cercle dans la mosquée alors que chacune d'entre elles tenait un nombre de cailloux. Parmi elles, un homme leur criait : « Glorifiez Allah cent fois (dites *subhâna-Llâh*), proclamez Son unicité cent fois (dites *lâ ilâha illa-Llâh*), exaltez Sa grandeur (dites *Allâhu Akbar*) cent fois » ; dès lors, ces personnes dénombraient leurs invocations à l'aide des cailloux jusqu'à ce

---

1. Rapporté par Al-Bukhârî (n° 5556) et Muslim (n° 1961).
2. 17/10.

qu'ils arrivent au nombre demandé. 'AbduLlâh Ibn Mas'ûd ﷺ se tint debout face à eux et leur dit : « Que faites vous ?! » Ils répondirent « Ô Abû 'AbdirRahmân ! Ce sont seulement des cailloux avec lesquels nous comptons les *takbîr* (dire *Allâhu Akbar*), les *tahlîl* (dire *lâ ilâha illa-Llâh*) et les *tasbîh* (dire *subhâna-Llâh*) ». Il rétorqua alors : « Comptez plutôt vos mauvaises actions, je vous garantis que vous ne perdrez alors rien de vos bonnes actions ! Malheur à vous, communauté de Muhammad ﷺ ! Que votre perte est rapide ! Regardez ! Les Compagnons du Prophète ﷺ sont encore nombreux parmi vous ! Les habits du Prophète ne sont pas encore usés et sa vaisselle n'est pas encore cassée. Je jure par Celui qui détient mon âme entre Ses mains, soit vous êtes sur une religion plus droite que celle de Muhammad ﷺ, soit vous avez ouvert une porte menant à l'égarement ?! » Ils rétorquèrent : « Par Allah, ô Abû 'AbdirRahmân ! Nous ne voulions qu'accomplir le bien. » Il répliqua alors : « Hélas ! Combien de gens veulent le bien sans jamais l'obtenir. »[1]

---

1. Ce récit a été rapporté par Ad-Dârimî dans ses *Sunan* (1/p. 68-69) et Al-Albânî l'a mentionné dans *As-Silsilat us-Sahîhah* (n° 2005).

LES RÉPERCUSSIONS DES ADORATIONS

Parmi les répercussions des adorations, on dénombre : l'épanouissement, la quiétude, l'accroissement des biens, la paix intérieure, le repos et la sérénité.

De nombreux versets du Coran et hadiths prophétiques prouvent ce qu'on a mentionné, et montrent que la crainte d'Allah ﷻ et les œuvres vertueuses engendrent une vie heureuse, ici-bas et dans l'au-delà.

Allah ﷻ dit : « *Si les habitants des cités avaient cru et avaient été pieux, Nous leur aurions certainement accordé des bénédictions du ciel et de la Terre.* »[1]

Ce noble verset mentionne les adorations et leurs effets engendrés dans la vie du musulman. Il explique que celui qui craint Allah ﷻ et croit en Lui, Allah le récompense et lui attribue dans cette vie des biens qu'Il lui octroie du ciel et de la Terre ; ceci en permettant à la pluie de tomber et aux plantes et aux trésors de surgir de la Terre.

---

1. S. Al-A'râf, v. 96.

Le Tout-Puissant dit à propos des Gens du Livre : « *S'ils avaient appliqué la Thora et l'Évangile, et ce qui est descendu sur eux de la part de leur Seigneur, ils auraient certainement joui de ce qui est au-dessus d'eux et de ce qui est sous leurs pieds.* »[1]

Ce noble verset a le sens du précédent : « *Ils auraient certainement joui de ce qui est au-dessus d'eux et de ce qui est sous leurs pieds* ». Cela signifie qu'Allah ﷻ fait descendre sur eux Ses bienfaits du ciel par le biais de la pluie. De même, Allah ﷻ fait pousser les plantes et les graines sous leurs pieds et Il extrait les richesses de la Terre.

Ces deux versets mentionnant les habitants des cités et les Gens du Livre, concernent uniquement les récompenses en biens terrestres engendrées par la foi et la crainte d'Allah.

Quant aux récompenses dans l'au-delà destinées au croyant pieux, Allah ﷻ dit à ce sujet : « *Si les Gens du Livre avaient la foi et la piété, Nous leur aurions certainement effacé leurs méfaits et les aurions certainement introduits dans les Jardins du délice.* »[2]

---
1. S. Al-Mâ'idah, v. 66.
2. S. Al-Mâ'idah, v. 65.

Et il ﷺ dit : « *Ô vous qui croyez ! Craignez Allah et parlez avec droiture.* »[1]

Le fait de parler avec droiture est une adoration, puis dans le verset qui suit, Allah a mentionné ce qu'elle engendre : « *Afin qu'Il améliore vos actions et vous pardonne vos péchés. Quiconque obéit à Allah et à Son messager, obtient certes une grande réussite.* »[2]

Ainsi, l'amélioration des actions et le pardon des péchés dans l'au-delà, sont les répercussions de cette adoration.

En somme, ce noble verset a réuni les incidences de l'adoration dans la vie terrestre et dans l'au-delà. Dans cette vie, on acquiert l'amélioration de nos œuvres, la réussite et la droiture, mais aussi un cheminement vers Allah ﷻ basé sur la clairvoyance. Dans l'au-delà, on acquiert le pardon de nos péchés et l'expiation de nos fautes.

Allah ﷻ dit : « *Et quiconque craint Allah, Il lui donnera une issue favorable, et lui accordera Ses*

---

1. S. Al-Ahzâb, v. 70.
2. S. Al-Ahzâb, v. 71.

dons par (des moyens) sur lesquels il ne comptait pas. »¹

Ce noble verset indique que la crainte d'Allah, qui signifie Son adoration et Son obéissance en appliquant Ses ordres et en évitant Ses interdits, a pour conséquence d'éloigner la personne de toute calamité et adversité. De même, Allah ﷻ pourvoit celui qui Lui obéit et Le craint, et Lui accordera sa subsistance d'une façon inespérée.

Allah ﷻ dit : « *Quiconque craint Allah, Il lui facilite les choses.* »²

Parmi les effets directs qu'engendre la crainte d'Allah ﷻ, il y a le fait qu'Allah facilite à la personne ses activités, met à sa disposition les chemins qui conduisent au bien, et lui ouvre les voies menant à une vie heureuse ici-bas et dans l'au-delà.

Allah dit : « *Quiconque craint Allah, Il lui efface ses fautes et lui donne une grande récompense.* »³

Ceci fait aussi partie des récompenses dans l'au-delà qu'engendre la crainte d'Allah ﷻ.

De même, Allah ﷻ dit : « *Ô vous qui croyez ! Si vous craignez Allah, Il vous accordera la*

---

1. S. At-Talâq, v. 2-3.
2. S. At-Talâq, v. 4.
3. S. At-Talâq, v. 5.

faculté de discerner (entre le bien et le mal), vous effacera vos méfaits et vous pardonnera. Et Allah est le Détenteur de l'énorme grâce. » [1]

Ce noble verset prouve que celui qui craint Allah, Lui obéit et se conforme à Son Messager ﷺ, alors Allah lui accordera la faculté de discerner le vrai du faux, basera sur la clairvoyance son cheminement vers Lui, et le placera sur une bonne voie. Ceci sera accordé dans la vie d'ici-bas. Quant à l'au-delà, la récompense sera l'expiation des méfaits et le pardon des péchés. Le début de ce verset « *Si vous craignez Allah, alors Il vous accordera la faculté de discerner* », ressemble à la fin du verset au sujet de la dette : « *Craignez Allah, alors Allah vous enseignera.* » [2]

Allah ﷻ a dit à propos de Nûh (Noé) ﷺ et de son peuple : « *J'ai donc dit : "Implorez le pardon de votre Seigneur, car Il est celui qui pardonne le plus ; pour qu'Il vous envoie du ciel, des pluies abondantes ; et qu'il vous accorde beaucoup de biens et d'enfants, et vous donne des jardins et vous donne des rivières."* » [3]

---

1. S. Al-Anfâl, v. 29.
2. S. Al-Baqarah, v. 282.
3. S. Nûh, v. 10-12.

Ce qui est mentionné fait partie des effets qu'engendre l'adoration. L'adoration dans ce verset con-cerne le repentir. Les conséquences mentionnées sont les pluies abondantes, une progéniture nombreuse, la profusion des biens, des jardins et des rivières.

Un autre verset lui ressemble, celui où Allah parle de Hûd ﷷ et son peuple : « *Ô Mon peuple ! Implorez le pardon de votre Seigneur et repentez-vous à Lui pour qu'Il envoie sur vous du ciel des pluies abondantes et qu'Il ajoute force à votre force.* »[1]

Pareillement, un autre verset lui ressemble, celui où Allah parle de notre Prophète Muhammad ﷺ et son peuple : « *Demandez pardon à votre Seigneur ; et repentez-vous à Lui. Il vous accordera une belle jouissance jusqu'à un terme fixé, et Il accordera à chaque méritant l'honneur qu'il mérite.* »[2]

Allah ﷻ dit : « *Quiconque, homme ou femme, fait une bonne œuvre tout en étant croyant, Nous lui ferons vivre une bonne vie. Et Nous*

---

1. S. Hûd, v. 52.
2. S. Hûd, v. 3.

les récompenserons certes, en fonction des meilleures de leurs actions. » ¹

Ce noble verset souligne que la foi et les bonnes actions engendrent pour l'humain une vie heureuse, une vie remplie de piété, d'obéissance à Allah et à Son Messager ﷺ. À cette récompense, sera rajoutée celle de l'au-delà qui est bien plus importante.

Un hadith nous est parvenu de la *Sunnah* purifiée qui met en relief ce que les adorations procurent comme bonnes répercussions dans la vie du musulman. Ce hadith est l'important et précieux conseil que le noble Prophète ﷺ donna à Ibn 'Abbâs ؓ : « *Accomplis assidûment les devoirs qu'Allah t'a prescrits*² *et Allah te préservera, accomplis assidûment les devoirs qu'Allah t'a prescrits*³ *et tu trouveras Allah à tes côtés…* »⁴

Dans une autre version, rapportée par l'imam Ahmed (n° 2803), le Prophète ﷺ dit : « *Accomplis assidûment les devoirs qu'Allah t'a prescrits*⁵, *et tu*

---

1. S. An-Nahl, v. 97.
2. Littéralement : « Protège Allah… » [NdT].
3. Idem.
4. Rapporté par At-Tirmidhî (n° 2516) qui a jugé le hadith comme étant *Hasan Sahîh*.
5. Idem.

Le trouveras devant toi. Cherche à connaître Allah en l'adorant dans l'aisance et Il te connaîtra dans la difficulté. »[1]

Al-Hâfidh Ibn Rajab, dans son commentaire des *Quarante hadiths* d'An-Nawawî, intitulé *Jâmi' ul-'ulûmi wa-l-hikam*, donne une précieuse explication qui m'a permis de déduire le sens du texte.

La protection qu'Allah ﷻ accorde à Son serviteur comporte deux sens : protéger son corps, ses biens, ses enfants et sa famille ; protéger sa religion, en le sauvegardant des ambiguïtés qui égarent et des désirs interdits.

Cette protection aide la personne à demeurer sur une rectitude et une droiture dans les affaires religieuses et celles de sa vie. Cette protection d'Allah n'est obtenue que pour celui qui le « protège ». La personne « protège » Allah ﷻ en prenant soin de ne pas outrepasser Ses limites, en appliquant ce qu'Il a ordonné et en évitant ce qu'Il a interdit.

Allah ﷻ récompense cet acte par une protection du même genre, car la récompense est liée à l'action. Le Prophète ﷺ dit : « *Il te préservera* »,

---

[1]. Ce hadith est le dix-neuvième hadith des *Quarante hadiths* d'An-Nawawî.

ceci est la récompense d'Allah. Cela fait partie des répercussions de l'œuvre pieuse, car la récompense est liée à l'action. De plus, la phrase « *"protège" Allah et tu Le trouveras à tes côtés* », signifie que tu trouveras Allah ﷻ devant toi, Il fera cercle autour de toi[1], veillera sur toi et te protégera de tout mal.

Ensuite, Le Prophète ﷺ dit : « *Cherche à connaître Allah en L'adorant dans l'aisance et Il te connaîtra dans la difficulté* » signifie que si tu t'accroches, pendant tes instants de bien-être et tes moments heureux, à l'obéissance d'Allah et de son Prophète, alors Allah ﷻ te récompensera en te protégeant pendant les moments de difficultés et les situations tragiques.

Parmi les hadiths qui prouvent le fait de connaître « Allah ﷻ dans l'aisance, Allah ﷻ le connaîtra dans la difficulté », on citera l'histoire des trois personnes qui ont été contraintes de dormir dans une grotte. Soudain, un rocher dégringola sur eux et boucha l'entrée de la grotte. Ils ne pouvaient plus sortir. Ils étaient comme dans une tombe, malgré qu'ils fussent encore en vie. C'est alors qu'ils discutèrent entre eux. Ils

---

1. D'une manière qui convient à Sa Majesté.

virent que le moyen par lequel Allah les sauvera de ce moment difficile dans lequel ils se trouvaient, était de rechercher une œuvre vertueuse qu'ils avaient accomplie pour Allah dans l'aisance, par laquelle ils demanderont intercession auprès d'Allah dans cette pénible circonstance. L'un d'entre eux demanda l'intercession auprès d'Allah par son obéissance envers ses parents, le second, par son délaissement de l'adultère alors qu'il en avait la capacité, et le troisième par la préservation du salaire de son employé en le faisant fructifier alors que ce dernier était parti avant de prendre son droit. Chacun d'entre eux demanda l'intercession auprès d'Allah ﷻ par une œuvre vertueuse qu'ils avaient faite pour Allah ﷻ en temps d'aisance. Allah ﷻ écarta le rocher et ils sortirent en marchant.[1]

On décompte, également parmi les adorations : la prière, l'aumône obligatoire, le jeûne et le pèlerinage. Chacune d'entre elles ayant des effets bénéfiques dans la vie du musulman.

---

[1]. L'histoire de ces trois personnes a été rapportée dans le *Sahîh* d'Al-Bukhârî (n° 2215) et dans celui de Muslim (n° 2743), d'après le hadith de 'AbduLlâh Ibn 'Umar ﷺ.

Les répercussions de la prière

La prière est le pilier de l'Islam et c'est elle qui préserve de la turpitude et du blâmable. La prière est le lien solide entre le serviteur et son Seigneur.

Si la personne est assidue aux prières en commun à la mosquée avec les musulmans, alors son lien avec Allah ﷻ se raffermira. Effectivement, de nuit comme de jour, en priant les cinq prières obligatoires et les prières surérogatoires pour Allah, la personne sera ainsi continuellement en liaison avec Allah. Allah ﷻ la récompensera pour tout cela. Il l'éloignera des turpitudes et du blâmable, car si cette personne se résout à désobéir ou à effectuer une mauvaise action, elle se rappellera la raison pour laquelle elle prie assidûment. Elle se rappellera qu'elle accomplit cela parce qu'elle espère la récompense qu'il y a auprès d'Allah et qu'elle éprouve de la peur à l'égard de Son châtiment. À ce moment précis, la prière le préservera des turpitudes et du blâmable, et l'en éloignera. Allah ﷻ a dit : « *Et accomplis la prière. En vérité, la prière préserve de la turpitude et du blâmable.* »[1]

1. S. Al-Ankabût, v. 45.

LES RÉPERCUSSIONS DE L'AUMÔNE

Les répercussions de l'aumône (*zakât*) sont immenses. En effet, elle purifie l'âme de l'avarice et de la cupidité, comme elle purifie l'argent. Elle est une cause de l'accroissement et du décuplement de l'argent. À l'aide de l'aumône résulte ce qu'on nomme aujourd'hui « la solidarité sociale ». Effectivement, lorsque les riches versent l'aumône aux pauvres, ces derniers, grâce à cet impôt ordonné par Allah aux riches, pourront satisfaire leurs besoins et trouver de quoi se nourrir.

Il a été transmis dans le hadith de Mu'âdh Ibn Jabal, rapporté par Al-Bukhârî et Muslim, la parole du Prophète ﷺ : « *S'ils t'obéissent en cela (c'est-à-dire s'ils accomplissent la prière), informe-les qu'Allah leur a imposé une aumône (la zakât) qui doit être perçue des riches pour être donnée à leurs pauvres.* »

Le versement de l'aumône profite énormément aux riches, puisqu'il purifie leurs âmes, accroît leur argent et ils récolteront la récompense pour le bien qu'ils font à leurs frères musulmans touchés par la pauvreté, la misère et la difficulté. Cette charité entraîne l'enrichissement des pauvres qui satisferont leurs besoins et soulageront leurs misères. Allah le Tout-Puissant a rendu obligatoire le prélèvement de l'aumône des biens des riches de telle manière que les pauvres en profitent sans causer pour autant de préjudice aux riches. Cette aumône, à dire vrai, représente une partie minime des biens alloués par Allah ﷻ aux riches. Il a obligé aux riches de verser cette portion minime qui ne leur coûte rien, mais qui profite au pauvre qui a été dénué et qui ne possède aucun bien.

Les bonnes répercussions de l'aumône et de la charité envers les pauvres sont mises en avant dans le hadith d'Abû Hurayrah ﷺ, rapporté par Muslim dans son *Sahîh* (n° 2984). Le Prophète ﷺ a dit : « *Tandis qu'un homme marchait sur une terre aride, il entendit une voix provenant d'un nuage : "Arrose le jardin d'Untel." Ce nuage se dirigea alors vers un terrain pierreux sur lequel il déversa son eau ; or, un seul conduit d'irrigation reçut toute l'eau déversée. En suivant ce cours d'eau, l'homme trouva un cultivateur conduisant l'eau vers son jardin à l'aide d'une pelle. "Comment t'appelles-tu, ô Serviteur d'Allah !?", demanda-t-il au cultivateur. – "Untel" – c'était en effet le même nom qu'il avait entendu provenant du nuage –. Puis le cultivateur poursuivit: "Mais pourquoi, ô Serviteur d'Allah !, veux-tu savoir mon nom ?" – "Eh bien ! J'ai entendu une voix, provenant du nuage dont vient l'eau que voici, ordonnant le nuage d'arroser ton jardin. Que feras-tu donc avec les fruits de ton jardin ?" "Après ce que tu m'as dit, reprit le cultivateur, sache que j'attends la récolte dont je fais l'aumône du tiers. Je garde un autre tiers pour la nourriture de ma famille, et ressème le tiers restant." »*

Dans une autre version rapportée également par Muslim : « *Je donne le tiers aux miséreux, aux mendiants et aux voyageurs.* »

LES RÉPERCUSSIONS DU JEÛNE

Les effets du jeûne sont immenses et ses répercussions sont bénéfiques. En effet, il y a dans le jeûne une protection comme a dit le Messager d'Allah ﷺ : « *Le jeûne est une protection.* »[1] Il est une protection contre le feu comme dans l'au-delà et une protection contre les désobéissances.

En effet, le jeûne affaiblit les envies de l'âme, et sa frénésie est alors freinée. Le jeûne s'interpose entre l'âme et ce qu'elle provoque comme situations malheureuses et comme actes interdits, causés par un penchant excessif des biens et des plaisirs de ce monde. À cause de cela, l'âme s'avance dangereusement sur un terrain dont les répercussions sont à craindre dans la vie d'ici-bas et dans l'au-delà. C'est pour cette raison que le Prophète ﷺ a dit : « *On arrive au Paradis qu'après avoir affronté toutes sortes de difficultés et on arrive en Enfer qu'après avoir assouvi toutes sortes de passions.* »[2]

---

1. Rapporté par Al-Bukhârî (n° 1894) et par Muslim (n° 1151).
2. Rapporté par Al-Bukhârî (n° 6487) et par Muslim (n° 2822). Cette version est celle de Muslim.

Le chemin vers le Paradis nécessite la patience pour ne cesser d'obéir à Allah ﷻ et pour ne pas commettre les désobéissances. Le chemin vers l'Enfer est garni de désirs et de passions. La personne qui s'éloigne de ses passions n'entrera pas en Enfer. Si elle prend l'initiative d'assouvir ses désirs, ces derniers peuvent l'entraîner vers les actes interdits. Seulement, cela sera un plaisir éphémère, et son dénouement s'achèvera en déception, en regret, en honte et en déshonneur dans la vie d'ici-bas et dans l'au-delà.

On trouve dans le hadith authentique rapporté par Al-Bukhârî et Muslim, d'après 'Abdallah Ibn Mas'ûd ؓ, la parole du Messager ﷺ qui dit : « *Ô vous les jeunes ! Que celui qui est en mesure de se marier parmi vous, le fasse ! C'est mieux pour le regard et la protection du sexe. Que celui qui ne peut se marier, jeûne alors, car le jeûne lui servira de protection.* »

Le Prophète ﷺ a montré que la personne qui a la capacité de se marier doit s'empresser de le faire pour préserver sa personne et préserver les autres. S'il n'en a pas la capacité, il prendra le remède prophétique que le noble Messager ﷺ nous a prescrit, qui est le jeûne.

En effet, le jeûne est une sauvegarde et une protection pour que la personne ne tombe pas dans la désobéissance. La raison est que le jeûne provoque l'affaiblissement de l'âme et rend impossible d'accomplir les choses qu'elle effectuait pendant les moments d'aisance où elle mangeait et buvait.

Ce que nous devons retenir :

Ce noble conseil prophétique donné par notre honorable Messager ﷺ, incite les jeunes à se marier s'ils en ont la possibilité et la capacité. S'ils ne peuvent pas, qu'ils freinent alors la frénésie de leurs âmes en jeûnant.

Quand les riches jeûnent, ils ressentent la souffrance que provoque la faim, ils se rendent compte alors qu'Allah les a privilégiés en les rendant riches. À ce moment précis, ils remercient Allah ﷻ pour cette faveur.

De même, les riches se rappelleront par le jeûne qu'ils ont des frères qui souffrent de la faim sans jeûner, parce qu'ils n'ont pas trouvé de quoi couper celle-ci. Ceci les incitera à être bons envers les démunis et à dépenser pour les dépourvus et les nécessiteux.

LES RÉPERCUSSIONS DU PÈLERINAGE

Le pèlerinage est une adoration immense. Allah ﷻ l'a prescrit à Ses serviteurs une seule fois dans leur vie. Le pèlerinage englobe des actes [d'adoration] qui sont en rapport avec l'argent et le corps. Cette adoration renferme des effets et des répercussions louables dans la vie de l'individu.

Il nous a été transmis du noble Prophète ﷺ le hadith suivant : « *Faire suivre le petit pèlerinage ('umra) par un autre petit pèlerinage est une expiation de ce qu'il s'est produit entre eux (comme péchés), alors que le pèlerinage agréé (hajj mabrur) n'a de récompense que le Paradis.* »[1]

On questionna le Messager d'Allah ﷺ sur les meilleures actions, il a dit : « *La foi en Allah et en Son Messager* » ; on lui dit : « Et puis ? », il répondit : « *Le combat (jihâd) dans le sentier d'Allah* » ; on lui dit : « Et puis ? », il dit : « *Le pèlerinage agréé (hajj mabrur).* »[2]

---

1. Rapporté par Al-Bukhârî (n° 1773) et par Muslim (n° 1349) d'après Abû Hurayrah ؓ.
2. Rapporté par Al-Bukhârî (n° 26) et par Muslim (n° 83)

Le Messager d'Allah ﷺ a dit: « *Quiconque accomplit le pèlerinage sans avoir commis de rapports sexuels et sans avoir commis de péchés, reviendra comme le jour où sa mère l'a enfanté [sans péché].* »[1]

Le pèlerinage agréé est celui que l'individu réalise en concordance avec la *Sunnah* du noble Prophète ﷺ. Son signe révélateur est que l'individu soit devenu meilleur qu'auparavant. Si l'état de l'individu après le pèlerinage est passé du mauvais au bon ou du bon au meilleur, ceci est le signe visible que le pèlerinage a été agréé.

De plus, accomplir le pèlerinage et la *'umra* rapproche la personne de son Seigneur. Ce rapprochement est produit par des adorations dont l'accomplissement n'est possible qu'à La Mecque. Par exemple, le circuit autour de la Maison sacrée (*tawâf*), car le *tawâf* est une adoration spécifique à l'Antique maison.

Quand il arrive à la Mecque, il tourne autour de la Maison Sacrée et se rapproche d'Allah ﷻ par une adoration qu'il n'aurait pu accomplir s'il n'y était pas venu. Car cette adoration n'existe

---

d'après Abû Hurayrah ﷺ.
1. Rapporté par Al-Bukhârî (n°1521) et par Muslim (n°1350) d'après Abû Hurayrah ﷺ.

qu'autour de l'honorable Ka'ba. Il se rappellera cela et ressentira que n'importe quel *tawâf* effectué sur la surface de la Terre, ne fait pas partie de ce qu'Allah ﷻ a légiféré. Il n'est permis à personne de tourner autour d'un quelconque tombeau ou d'un quelconque endroit sur la Terre, si ce n'est autour de l'honorable Ka'ba. Pareillement, cela concerne le fait d'embrasser, de toucher la Pierre noire, ou de toucher le Coin yéménite. En effet, Allah ﷻ n'a pas légiféré aux musulmans de se rapprocher de Lui en embrassant une pierre ou en la touchant si ce n'est en ces deux endroits.

Pour cette raison, quand 'Umar Ibn Al-Khattâb ﷺ s'est rapproché de la Pierre noire et l'embrassa, il dit : « Je sais que tu es une pierre, tu ne peux ni porter préjudice ni être utile. Si je n'avais pas vu le Prophète ﷺ t'embrasser, je ne t'aurais jamais embrassé. »[1]

Durant le pèlerinage, tout pèlerin (homme) ôte ses vêtements pour revêtir un *izar* (étoffe généralement blanche qui enveloppe la partie inférieure du corps) et un *rida* (étoffe qui enveloppe la partie supérieure du corps), ainsi les riches et

---

1. Rapporté par Al-Bukhârî (n° 1597) et par Muslim (n° 1270).

les pauvres sont égaux. Ceci est une des répercussions qu'engendrent le pèlerinage et la *'umra*.

Mais aussi, le pèlerin se rappellera par cet habit, le linceul utilisé pour envelopper le mort. Il se préparera donc pour ce moment, en multipliant les bonnes œuvres, qui sont la meilleure des provisions. Allah dit ﷻ : « *Et prenez vos provisions, mais vraiment, la meilleure provision est la piété.* »[1]

De la même manière, le rassemblement des pèlerins à 'Arafât rappelle le rassemblement des gens le Jour de la résurrection. Ceci incitera la personne à faire le bien pour être prête à affronter ce jour difficile.

Pendant le pèlerinage, les musulmans du monde entier se rencontrent. Ils font connaissance, se conseillent, et chacun apprend à connaître l'autre. Ils partagent entre eux les moments d'allégresse et de bonheur ainsi que les moments de souffrance. L'un guide l'autre à faire ce qui est convenable. En somme, ils s'entraideront collectivement à la piété et à la crainte, comme Allah leur a ordonné de faire.

---

1. S. Al-Baqarah, v. 197.

Ce que nous devons retenir :

Ces adorations importantes qu'Allah ﷻ a légiféré et sur lesquelles Il a bâti Sa pure religion, engendrent des effets directs salutaires dans la vie du musulman, ici-bas ou de l'au-delà.

Je demande à Allah le Tout-Puissant qu'Il nous fasse tous parvenir à ce qui Le satisfait, qu'Il fasse que l'on soit parmi ceux qui écoutent Sa parole et suivent ce qu'elle contient de la meilleure manière, et qu'Il fasse de nous des conseillers et des guides ; Il est ﷻ Noble et Généreux.

Que la prière, le salut, la bénédiction et les bienfaits d'Allah soient sur le meilleur de Ses Prophètes et de Ses Messagers, notre Prophète, notre imam, et le meilleur d'entre nous, Muhammad Ibn 'AbdiLlâh, sur sa famille, sur ses Compagnons ainsi que quiconque empruntera son chemin et sera guidé par sa voie.

Louange à Allah, Seigneur de l'Univers.

Et que le salut, la miséricorde et la bénédiction d'Allah soient sur vous !

www.ingramcontent.com/pod-product-compliance
Lightning Source LLC
Chambersburg PA
CBHW070341120526
44590CB00017B/2974